# How to use this book:

- Every week, take 30 seconds to write down a quick note about life.
- It can be about anything. Your week or your day. A friend or a family member. What you're loving or hating, feeling or thinking.
- Skip a week or two? No problem.
- At the end of your four years, you will have a book to look back and remember all of the little things.

# AUGUST
## WEEK 1

20 〉 ───────────
───────────

───────────
───────────

20 〉 ───────────
───────────

───────────
───────────

20 〉 ───────────
───────────

───────────
───────────

20 〉 ───────────
───────────

───────────
───────────

# AUGUST

## WEEK 2

20 ⟩ _____
_____

_____

_____

20 ⟩ _____
_____

_____

_____

20 ⟩ _____
_____

_____

_____

20 ⟩ _____
_____

_____

_____

# AUGUST
## WEEK 3

20 〉 _____
_____

_____
_____

20 〉 _____
_____

_____
_____

20 〉 _____
_____

_____
_____

20 〉 _____
_____

_____
_____

# AUGUST
## WEEK 4

20 〉 _____
_____
_____
_____

20 〉 _____
_____
_____
_____

20 〉 _____
_____
_____
_____

20 〉 _____
_____
_____
_____

# SEPTEMBER
## WEEK 1

20 ⟩ _____

_____

_____

20 ⟩ _____

_____

_____

20 ⟩ _____

_____

_____

20 ⟩ _____

_____

_____

# SEPTEMBER
## WEEK 2

20 \rangle _____

_____

_____

20 \rangle _____

_____

_____

20 \rangle _____

_____

_____

20 \rangle _____

_____

_____

# SEPTEMBER
## WEEK 3

20 ⟩ _____
_____

_____
_____

20 ⟩ _____
_____

_____
_____

20 ⟩ _____
_____

_____
_____

20 ⟩ _____
_____

_____
_____

# SEPTEMBER

## WEEK 4

20 ⟩ _____
_____
_____

20 ⟩ _____
_____
_____

20 ⟩ _____
_____
_____

20 ⟩ _____
_____
_____

# OCTOBER
## WEEK 1

20 ⟩ _____
_____
_____
_____

20 ⟩ _____
_____
_____
_____

20 ⟩ _____
_____
_____
_____

20 ⟩ _____
_____
_____
_____

# OCTOBER

## WEEK 2

20 ⟩ ────────────────
────────────────

────────────────
────────────────

20 ⟩ ────────────────
────────────────

────────────────
────────────────

20 ⟩ ────────────────
────────────────

────────────────
────────────────

20 ⟩ ────────────────
────────────────

────────────────
────────────────

# OCTOBER
## WEEK 3

20 _____
_____
_____

20 _____
_____
_____

20 _____
_____
_____

20 _____
_____
_____

# OCTOBER
## WEEK 4

20 〉 _____
_____
_____
_____

20 〉 _____
_____
_____
_____

20 〉 _____
_____
_____
_____

20 〉 _____
_____
_____

# NOVEMBER
## WEEK 1

20 ⟩ _____
_____

_____

_____

20 ⟩ _____
_____

_____

_____

20 ⟩ _____
_____

_____

_____

20 ⟩ _____
_____

_____

_____

# NOVEMBER
## WEEK 2

20 ⟩ _____
_____

_____
_____

20 ⟩ _____
_____

_____
_____

20 ⟩ _____
_____

_____
_____

20 ⟩ _____
_____

_____

# NOVEMBER

## WEEK 3

20 ⟩ _____
_____

_____

_____

20 ⟩ _____
_____

_____

_____

20 ⟩ _____
_____

_____

_____

20 ⟩ _____
_____

_____

_____

# NOVEMBER

## WEEK 4

20 〉 _____
_____

_____
_____

20 〉 _____
_____

_____
_____

20 〉 _____
_____

_____
_____

20 〉 _____
_____

_____
_____

# DECEMBER
## WEEK 1

20 ⟩ _____
_____
_____

20 ⟩ _____
_____
_____

20 ⟩ _____
_____
_____

20 ⟩ _____
_____
_____

# DECEMBER
## WEEK 2

20 〉 _____
_____
_____
_____

20 〉 _____
_____
_____
_____

20 〉 _____
_____
_____
_____

20 〉 _____
_____
_____
_____

# DECEMBER
## WEEK 3

20 ⟩ _____
_____
_____
_____

20 ⟩ _____
_____
_____
_____

20 ⟩ _____
_____
_____
_____

20 ⟩ _____
_____
_____
_____

# DECEMBER

## WEEK 4

20 ⟩ _____
_____
_____

20 ⟩ _____
_____
_____

20 ⟩ _____
_____
_____

20 ⟩ _____
_____
_____

# JANUARY

## WEEK 1

20 〉 _____
_____

_____
_____
_____

20 〉 _____
_____

_____
_____
_____

20 〉 _____
_____

_____
_____
_____

20 〉 _____
_____

_____
_____
_____

# JANUARY
## WEEK 2

20 ⟩ _____
_____

_____
_____

20 ⟩ _____
_____

_____
_____

20 ⟩ _____
_____

_____
_____

20 ⟩ _____
_____

_____
_____

# JANUARY
## WEEK 3

20 ⟩ _____
_____
_____
_____

20 ⟩ _____
_____
_____
_____

20 ⟩ _____
_____
_____
_____

20 ⟩ _____
_____
_____
_____

# JANUARY

## WEEK 4

20 ⟩ _____
_____

_____
_____

20 ⟩ _____
_____

_____
_____

20 ⟩ _____
_____

_____
_____

20 ⟩ _____
_____

_____
_____

# FEBRUARY

## WEEK 1

20 ⟩ _____
_____
_____
_____

20 ⟩ _____
_____
_____
_____

20 ⟩ _____
_____
_____
_____

20 ⟩ _____
_____
_____
_____

# FEBRUARY

## WEEK 2

20 ⟩ _____
_____
_____
_____

20 ⟩ _____
_____
_____
_____

20 ⟩ _____
_____
_____
_____

20 ⟩ _____
_____
_____
_____

# FEBRUARY

## WEEK 3

20 〉 _____
_____

_____
_____
_____

20 〉 _____
_____

_____
_____
_____

20 〉 _____
_____

_____
_____
_____

20 〉 _____
_____

_____
_____
_____

.

# FEBRUARY

## WEEK 4

20 〉 _____
_____

_____
_____
_____

20 〉 _____
_____

_____
_____
_____

20 〉 _____
_____

_____
_____
_____

20 〉 _____
_____

_____
_____
_____

# MARCH

## WEEK 1

20 〉 _____
_____

_____
_____

20 〉 _____
_____

_____
_____

20 〉 _____
_____

_____
_____

20 〉 _____
_____

_____
_____

# MARCH
## WEEK 2

20 〉 _____
_____
_____
_____

20 〉 _____
_____
_____
_____

20 〉 _____
_____
_____
_____

20 〉 _____
_____
_____
_____

# MARCH

## WEEK 3

20 ⟩ _____
_____

_____
_____

20 ⟩ _____
_____

_____
_____

20 ⟩ _____
_____

_____
_____

20 ⟩ _____
_____

_____
_____

# MARCH

## WEEK 4

20 >  _____
_____

_____
_____

20 >  _____
_____

_____
_____

20 >  _____
_____

_____
_____

20 >  _____
_____

_____
_____

# APRIL
## WEEK 1

20 _____
_____
_____
_____

20 _____
_____
_____
_____

20 _____
_____
_____
_____

20 _____
_____
_____
_____

# APRIL

## WEEK 2

20 _____

_____
_____

20 _____

_____
_____

20 _____

_____
_____

20 _____

_____
_____

# APRIL
## WEEK 3

20 _____
_____
_____
_____

20 _____
_____
_____
_____

20 _____
_____
_____
_____

20 _____
_____
_____
_____

# APRIL
## WEEK 4

20 >  _____
_____

_____
_____

20 >  _____
_____

_____
_____

20 >  _____
_____

_____
_____

20 >  _____
_____

_____
_____

# MAY

## WEEK 1

20 ⟩ _____

_____

_____

20 ⟩ _____

_____

_____

20 ⟩ _____

_____

_____

20 ⟩ _____

_____

_____

# MAY
## WEEK 2

20 ——————————————————
————————————————————————
————————————————————————

20 ——————————————————
————————————————————————
————————————————————————

20 ——————————————————
————————————————————————
————————————————————————

20 ——————————————————
————————————————————————
————————————————————————

# MAY
## WEEK 3

20 ⟩ _____
_____

_____

_____

20 ⟩ _____
_____

_____

_____

20 ⟩ _____
_____

_____

_____

20 ⟩ _____
_____

_____

_____

# MAY

## WEEK 4

20 \> _____

_____

_____

20 \> _____

_____

_____

20 \> _____

_____

_____

20 \> _____

_____

_____

# JUNE

## WEEK 1

20 _____
_____
_____
_____

20 _____
_____
_____
_____

20 _____
_____
_____
_____

20 _____
_____
_____
_____

# JUNE
## WEEK 2

20 >
_____
_____
_____
_____

20 >
_____
_____
_____
_____

20 >
_____
_____
_____
_____

20 >
_____
_____
_____

# JUNE
## WEEK 3

20 ⟩ _____
_____

_____
_____

20 ⟩ _____
_____

_____
_____

20 ⟩ _____
_____

_____
_____

20 ⟩ _____
_____

_____
_____

# JUNE
## WEEK 4

20 〉 _____
_____

_____

_____

20 〉 _____
_____

_____

_____

20 〉 _____
_____

_____

_____

20 〉 _____
_____

_____

_____

# JULY

## WEEK 1

20

20

20

20

# JULY

## WEEK 2

20 ⟩ _____
_____

_____
_____

20 ⟩ _____
_____

_____
_____

20 ⟩ _____
_____

_____
_____

20 ⟩ _____
_____

_____
_____

# JULY
## WEEK 3

20

20

20

20

# JULY

## WEEK 4

20

_____

_____

_____

_____

20

_____

_____

_____

_____

20

_____

_____

_____

_____

20

_____

_____

_____

_____